FRANCISCO BOSCO

O FUTURO DA IDEIA DE AUTOR

CADERNOS ULTRAMARES

ORGANIZAÇÃO E PROJETO GRÁFICO

Marcos Lacerda, Ana Paula Simonaci e Sergio Cohn

CONSELHO EDITORIAL

André Botelho

Bernardo Esteves

Boaventura de Souza Santos

Evelyn Goyannes Dill Orrico

Fréderic Vanderberghe

José Luis Garcia

Maria João Cantinho

Renato Rezende

Teresa Arijón

Vagner Amaro

ISBN 9786586962543

azougue press |
coordenação geral Sergio Cohn
coordenação editorial
Sergio Cohn — Darien Lamen — Cristián Jiménez Plaza
Brasil | CNPJ 12.272.339/0001-26
Portugal | Oca Editorial NF 515805394
USA | E. Id. 803650511
Chile | Tucán Ediciones RUT 77.369.106-1

A proposta dos Cadernos Ultramares é transpor fronteiras. Não apenas geográficas, com a edição de um amplo panorama do pensamento brasileiro para o público português, mas também entre as áreas do saber, criando uma coleção transdisciplinar, acessível não apenas para leitores especializado, pesquisadores e acadêmicos, como para interessados em geral.

Para isto, os Cadernos Ultramares privilegiam a leveza do ensaio, a "brigada ligeira", utilizando-se de um gênero marcado pela abertura e experimentação, uma forma privilegiada para a proposição e a apresentação de interpretações da cultura e da sociedade. Nos últimos anos, o gênero ensaio tem sido revalorizado como um importante meio de diálogo entre a pesquisa acadêmica e a sociedade.

O Brasil possui uma produção riquíssima de pensamento em diversas áreas, que vão da física à antropologia, da matemática às artes. Os Cadernos Ultramares, ao trazerem importantes textos de alguns dos nossos mais renomados pensadores, sejam clássicos ou contemporâneos, busca possibilitar ao leitor um olhar amplo e qualificado sobre essa produção.

Interessa-nos a constituição de um diálogo entre áreas, de uma conversa aberta que escape das armadilhas do pensamento especializado e do produtivismo acadêmico. Interessa, antes de tudo, a valorização do encontro do leitor com o sabor do texto, do prazer da leitura e da troca livre de pensamento.

apresentação
por marcos lacerda

Francisco Bosco é um dos escritores mais importantes do Brasil hoje e, a julgar pelo seu último livro, *A vítima tem sempre razão?*, está em plena forma. Ensaísta de peso e intelectual vigoroso, afiado e com capacidade de clareza e sistematicidade de ideias fora do comum, ele também é compositor de canções e foi, durante um período turbulento da vida política do país, presidente da Funarte, fundação responsável pelas políticas para as artes no âmbito do Ministério da Cultura.

Além disso, e como se fosse pouco, ele tem uma habilidade impressionante como orador. A sua fala habita muitos lugares, reais, imaginários e simbólicos, como a fala de todos nós, e é bela e cortante, soa bem, cheia de nuances, movimentações, raciocínios imprevistos, sempre dentro de uma lógica de pensamento que é, a um só tempo e misteriosamente, analítico — pelo desejo de afirmação plena, completa, concisa, pelo amor às coisas e ideias claras; e dialético — pelos volteios que fazem emergir fissuras, não-ditos, fantasmagorias, pulsões de vida e morte. Em suma, trata-se de um intelectual público, com gosto pelo pensamento mais sofisticado e culto, sendo, ao mesmo tempo, compositor de canções e orador de primeira.

É preciso falar também sobre a sua erudição ímpar, mesmo que ele a tenha relativizado criticamente, em "Modos de saber", um dos seus textos mais notáveis (*Alta Ajuda*, 2013) e da sua posição política radicalmente democrática. É que no pensamento de Bosco estão presentes o cinema, a literatura, as artes plásticas, a canção popular, a psicanálise, a filosofia, a televisão, as redes sociais digitais e autores como Lacan, Derrida, Foucault, Deleuze, Kafka, Borges, Baudelaire, Benjamim, e tantos, tantos mais. Esta multiplicidade de objetos, interesses, autores e temas não leva necessariamente às facilidades da reflexão dispersa e fragmentária. Pelo contrário. Existe nele — na sua posição ética, política e filosófica — uma necessidade de sistematização e clareza, associada a um desejo de que o mundo seja melhor e maior para todos. A perspectiva erudita, o desejo de clareza, o cuidado com a complexidade, a honestidade intelectual, vêm sempre acompanhada de uma perspectiva democrática e republicana, por um senso de responsabilidade com as coisas do mundo e com as ideias sobre estas mesmas coisas. Neste sentido, a ética e o conceito se enovelam, e a política da vida se mistura à razão e às ideias, sempre com exigência de sistematicidade e clareza.

Esta exigência, e aqui entra mais um dado original do seu pensamento, não conduz necessariamente a um esfriamento da pulsão e da potência, ao contrário, seu pensamento é afiado, recheado de afeto e potência pura, como podemos ver em tantos textos, embora mais condensado em "Na companhia do mundo" (*E livre seja este infortúnio...*, 2011), um dos textos selecionados para a coleção Ultramares. Assim, pensamento, política, ética e afirmação da vida se unem para moldar um conjunto de ideias que já vem sendo desenvolvida através de uma série de publicações, em livros, revistas, jornais e canções.

Ao falar sobre a sua obra, vamos nos restringir aqui aos livros e ainda assim rapidamente, com o risco da inevitável superficialidade, pois a análise exigiria muito mais espaço e tempo, para além dessa descrição e como forma de fazer jus à excelência e complexidade dos seus trabalhos. *Dorival Caymmi*, seu segundo livro, publicado em 2006, já traz a verve própria do filósofo ensaísta, com o tema da clareza das formas, a certeza do Ser e a ausência da intencionalidade do sujeito na obra poética do grande compositor baiano; *Banalogias* (2007), apresenta pequenos ensaios com variação temática, na alegria de quem começa a desenhar a sua própria forma de estar-no-mundo com vivacidade e desejo aberto. Textos como "O indireto afetivo na linguagem do carioca", "A ética da gafieira em 15 passos", "Dialética dos playboys", "Ontologia do golaço", entre outros, são expressões de um pensamento que se afirma de forma culta, afirmada e solar. No entanto, no mesmo livro, podemos ler textos como "Elogio da tristeza", "O comedor de criancinhas", "Elogio da tristeza" e "Letra de música é poesia?", com a dimensão trágica, terrível e crua mesmo das coisas no mundo e do pensamento sobre as coisas, sendo o último, um exercício de sistematicidade e rigor. A alegria de movimentar ideias acompanha já a dimensão do auto-exílio, habitando uma zona fronteiriça, "um limbo florescente, uma escuridão iluminada" - a solidão do leitor, escritor e seu mundo erotizado pela leitura e pela busca da verdade.

Alta Ajuda (2013), por sua vez, é uma compilação de ensaios escritos inicialmente para o Jornal *O Globo*. Nele estão presentes alguns textos primorosos, já com mais maturidade formal e intelectual em comparação com Banalogias, embora com uma estrutura formal parecida. Neste sentido, os ensaios sobre a insônia ("O Sistema"), o filme *Melancolhia* de Lars Von Trier ("Melancolia"), a experiência das drogas ("As drogas e a realidade"), a relação da canção de Noel Rosa e a filosofia ("O filósofo do samba"), o pensamento e a doença ("Minhas doenças "), o problema da intimidade e o horror da sociedade do espetáculo no caso do "desaparecimento" de Belchior ("Big Brother Belchior"), o significado do Contemporâneo ("O que é o Contemporâneo"), e o belíssimo "Proust e a música" são alguns dos seus textos mais interessantes e compõem bem a forma do seu pensamento.

E livre seja este infortúnio (2011), o seu livro de que mais gosto — ao lado de *A vítima tem sempre razão?* (2017) — é, talvez, o mais ambicioso de uma perspectiva mais conceitual. Entre a literatura, a filosofia, o cinema, a canção popular, a arte e, sobretudo, a psicanálise. Nele, as rupturas, mudanças, despersonalizações são apresentadas como expressões de impulsos para o Real, ou encontro com o Real, no sentido lacaniano. Este encontro é apresentado nos exemplos os mais variados, de personagens de filmes de Woody Allen, o romance *Dois Irmãos* de Milton Hatoun, a *Carta ao pai* de Kafka, a arte de Arnaldo Baptista, um conto de Borges, casos de infortúnio amoroso entre amigos, o ciúme, entre muitos outros temas. As narrativas contadas são mediadas pelo conceito, aliás, algo característico da sua forma de escrita e de pensamento. "O futuro da ideia de autor", um dos textos selecionados para a coleção Ultramares, e publicado originalmente no livro *O futuro já não é mais o que era*, da série Mutações, organizada por Adauto Novaes, condensa, em certa medida, alguns dos seus principais objetos de análise, em especial a relação entre a estética, a política e a contemporaneidade.

Ainda caberia falar, por fim, sobre *A vítima tem sempre razão?* (2017), livro recém-lançado e que apresenta, de forma clara, concisa e, como sempre, densa e complexa, uma mudança estrutural no espaço público e, por extensão, na própria sociedade brasileira — do pacto de conciliação de classes a uma explicitação dos conflitos entre classes, incluindo a questão das lutas identitárias. No livro como um todo pode se ver o papel das redes sociais digitais, ambíguo, complexo, democrático e dogmático ao mesmo tempo; a força e importância dos novos movimentos sociais, em especial, as lutas por direitos civis de minorias; a problemática do linchamento virtual e a crítica à supervalorização apressada do contexto em relação ao texto; a relação entre justiça e direito; a ação política e a política institucional, o fim do lulismo, as jornadas de junho, a canção popular como dado central da cultura no Brasil, em suma, são muitas as questões deste livro que expressa de forma muito clara aquilo que apresentei mais acima como uma das dimensões mais originais do seu pensamento: o enovelamento complexo entre ética, política e reflexão conceitual, unindo perspectiva democrática com honestidade e vigor intelectual, sempre com a verve afiada, afetiva, clara, sistemática, rigorosa e também com aquela ternura e paciência daqueles que habitam a proximidade das coisas do mundo e das ideias que atravessam, habitam, iluminam e despertam essas mesmas coisas, tendo como base de tudo o pensamento, afinal de contas, como ele mesmo o diz: "Pensar é um modo de estar desperto e de despertar as coisas."

o FUTURO
Da iDeia
De auTOR

Não acredite em originalidade, mas não vá acreditar tampouco na banalidade, que é a originalidade de todo mundo.
(Carlos Drummond de Andrade)

Num discurso pronunciado em Mântua, em setembro do ano 2000, Umberto Eco abordava a então novidade da escrita coletiva de obras na Internet. Nela, descreve o autor de *A obra aberta*, "encontram-se programas com os quais se pode escrever histórias coletivamente, participando de narrativas cujo andamento pode ser modificado ao infinito"[1]. E se é possível escrever histórias interativas, sem um autor central, por que não também reescrevê-las, pergunta-se Eco, alterar a trama de "textos literários já existentes,

---

1 ECO, Umberto. "Sobre algumas funções da literatura". Em: *Sobre a literatura*. São Paulo: Record: 2003, p. 18.

adquirindo programas graças aos quais seja possível mudar as grandes histórias que nos obcecam, quem sabe há milênios?"[2]

Assim, leitores reescritores poderiam salvar da morte o príncipe André, de *Guerra e paz*; reconciliar Emma Bovary com Charles; impedir que Julien Sorel dispare contra a senhora de Renal. "Seria ruim?", prossegue interrogando Eco. "Não, porque a literatura também já fez isso, e bem antes dos hipertextos"[3]. Ele então lembra práticas literárias modernas que tornaram instáveis as noções de obra e autoria: os *cadavres exquis* dos surrealistas (processos de escrita automática coletiva), as inúmeras variações estilísticas de Queneau e as improvisações do jazz, que mudam a cada noite o destino de um tema. "Mas", ressalva, "o fato de que exista a prática da *jam session* [...] não nos desestimula a comparecer às salas de concerto em que a Sonata em si bemol menor op. 35 acabará toda noite exatamente do mesmo modo"[4]. Por quê? O que há de experiência irredutível em obras "fechadas", que começam e acabam sempre do mesmo modo?

Para Eco, trata-se de uma lição de fatalidade. "É a descoberta de que as coisas aconteceram, e para

2 Idem, p. 18.
3 Ibidem, p. 19.
4 Ibidem, p. 19.

sempre, de uma certa maneira, além dos desejos do leitor", ao qual cabe acatar essa frustração e experimentar, assim, "o calafrio do destino"[5]. "A verdadeira lição de *Moby Dick* é que a baleia vai para onde quer"[6]. As obras "fechadas", transmitidas de geração em geração na sua forma imutável, encerram portanto uma "educação ao Fado e à morte"[7]. Sua trágica grandeza está em que nelas "as coisas acontecem como acontecem"[8]. Submetendo-nos ao destino, preparam-nos para a morte.

Discordo do argumento. Defenderei adiante que, ao contrário, se há uma razão para desconfiarmos da criação de obras de arte interativas está justamente em que elas tendem a *não permitir* que as coisas aconteçam de outro modo. Fundados numa pseudo-liberdade de ordem estritamente sociológica e empírica, esses processos de criação costumam ser menos livres e criativos do que se acreditam.

Por ora voltemos uma última vez ao texto de Eco. Em outro momento, de passagem, é que ele toca no âmago da questão: "Alguém disse que jogando com mecanismos hipertextuais se foge de duas formas de

5 Ibidem, p. 20.
6 Ibidem, p. 20.
7 Ibidem, p. 21.
8 Ibidem, p. 20.

repressão, a obediência a acontecimentos decididos por um outro e a condenação à divisão social entre aqueles que escrevem e aqueles que lêem". "Isso me parece uma bobagem"[9], arremata. Concordo; e procurarei demonstrá-lo. O mais importante é entretanto identificar o pensamento subjacente que engendra essa e outras práticas da cultura contemporânea, se espalhando pela arte, pela tecnologia, pelas novas formas de socialidade na internet e pelo entretenimento de massas.

No fundo, o que legitima, para eles mesmos, não apenas os praticantes da arte interativa, como o apelo à interatividade em geral na cultura (que vai desde as tecnologias *wiki*, na web, até a irritante "participação do internauta" em programas de TV), é *certa ideia de democracia*. É essa ideia que se deve compreender e submeter à crítica. Para ela, toda forma de autoria, em suas manifestações "tradicionais", isto é, não-participativas, é percebida como autoritária. Esse é provavelmente o seu equívoco fundamental, pois a relação entre autor e autoridade, ao contrário do que o radical comum convida a supor, não é de continuidade, e sim de descontinuidade e até de oposição.

9 Ibidem, p. 19.

*

No livro *O culto do amador*, Andrew Keen, um ex-empreendedor do Vale do Silício, declara sua apostasia do que se pode chamar de ideologia da web 2.0. Tal ideologia, relata, se lhe revelou em um encontro numa cidadezinha agrícola no norte da Califórnia, em setembro de 2004, reunindo "o *establishment antiestablishment* do Vale do Silício"[10]. Promovido pela O'Reilly Media, "um evangelizador da inovação junto a uma congregação mundial de tecnófilos", o evento, chamado FOO Camp, reunia "os partidários da contracultura dos anos 1960" com "os entuasiastas do livre-mercado dos anos 1980 e os tecnófilos dos anos 1990"[11].

Keen conta que conferências no Vale do Silício não eram novidade para ele, que tinha até mesmo organizado uma, "quando o *boom* da internet dava seus últimos suspiros"[12]. "Mas o FOO Camp era realmente diferente. Sua única regra era: não há espectadores, apenas participantes"[13]. O evento era organizado "se-

10 KEEN, Andrew. *O culto do amador*. Rio de Janeiro: Zahar, 2009, p. 17.
11 Idem, p. 17.
12 Ibidem, p. 17.
13 Ibidem, p. 17.

gundo princípios participativos, de fonte aberta, ao estilo da Wikipédia"[14]. "Uma palavra estava em todos os lábios no FOO Camp em setembro de 2004. Era 'democratização'"[15].

Essa informação explicita o ideário que fundamenta a web 2.0., essa nova geração da internet caracterizada pelas redes sociais, ferramentas *wiki*, sites de compartilhamento de video e áudio e instrumentos de recriação de obras existentes (por meio de *cut and paste*, *mashups*, edições de video, em suma, todos os recursos para o que Nicolas Bourriaud chama de *pós--produção*). No fundo de todas essas possibilidades, há o mesmo princípio de democratização, compreendido como esvaziamento da autoria, nivelamento das hierarquias, indiferenciação entre autor e público, espectadores e participantes, atividade e passividade. É preciso entretanto dissociar essas ferramentas, efetivamente liberadoras, de um ideário democrático homogeneizante, e reconciliá-las com certa ideia de autoria.

As atuais reformulações da ideia de autoria, bem como suas práticas correlatas, extrapolam a esfera da arte. O autor se torna suspeito de autoritarismo, e logo

14 Ibidem, p. 17.
15 Ibidem, p. 17.

de trair o princípio democrático da igualdade. Assim, arte interativa, formas de pós-produção, redes sociais, ferramentas *wiki*, videos enviados para o Fantástico, *reality shows* e a inflação generalizada da intimidade (pois *qualquer* vida privada pode ser *igualmente* de interesse público) participam todos da mesma mentalidade, de uma mesma ideia de democracia. Para compreender essa ideia devemos proceder por partes.

Um dos conjuntos de práticas no campo da arte que vêm questionando a ideia de autoria é aquele designado pelo termo *pós-produção*.

Em seu livro *Uncreative writing*, o poeta e ensaísta Keneth Goldsmith lembra que "desde a aurora da mídia tivemos mais em nossos pratos do que jamais poderíamos consumir"[16]. Esse excesso de linguagem, entretanto, não apenas se multiplicou, como sofreu uma transformação de ordem qualitativa: "nunca antes a linguagem teve tanta *materialidade* — fluidez, plasticidade, maleabilidade — implorando para ser ativamente manuseada pelo escritor"[17]. Goldsmith está se referindo à natureza da linguagem verbal no mundo digital, onde, por meio de ferramentas como

16 GOLDSMITH, Kenneth. *Uncreative writing*. New York: Columbia University Press, 2011, p. 25.
17 idem, p. 25.

cut and paste, podem-se deslocar grandes massas de textos, integralmente, sem qualquer esforço. A possibilidade não se reduz à linguagem verbal: *mashups*, *samples*, edições de video no youtube são técnicas de criação liberadas pelas novas ferramentas digitais. Essas técnicas têm em comum a criação a partir do aproveitamento de formas pré-existentes, combinando-as entre si, deslocando-as de contexto, ressignificando-as, enfim, sem que para isso seja necessário trabalhar com uma "matéria-prima".

Bourriaud chamou essas práticas de pós-produção. Conforme ele explica: "os artistas atuais não compõem, mas *programam* formas: em vez de transfigurar um elemento bruto (a tela branca, a argila), eles utilizam o *dado* [...] Já não lidam com uma matéria-prima"[18]. O modo como a pós-produção se efetiva na literatura é o que Goldsmith chama de *uncreative writing*, ou, na tradução que proponho, *escrita recriativa*. Essa escrita, reforça a crítica literária Marjorie Perloff, em seu *Unoriginal genius*, "é a forma lógica da 'escrita' em uma era de texto literalmente móvel ou transferível — texto que pode ser prontamente deslocado de um site para outro ou do impresso para a tela, que pode ser

18 BOURRIAUD, Nicolas. *Pós-produção: como a arte reprograma o mundo contemporâneo*. São Paulo: Martins, 2009, pp. 13 e 8.

apropriado, transformado, ou escondido por diversos meios e para diversos propósitos"[19]. A escrita recriativa promove um deslocamento do ato artístico, do conteúdo para o contexto. A produção de novos sentidos surge por meio da recontextualização de formas pré-existentes. *Context is the new content*[20], afirma Goldsmith.

Qualquer leitor familiarizado com a arte e o pensamento do século XX sabe que estamos em estradas já palmilhadas. Duchamp, Picasso, Warhol, Benjamin, Eliot e Pound foram alguns dos autores que empregaram técnicas recriativas. É oportuno localizá-las, para refrescar a memória. O gesto de Duchamp, com o *ready-made* inaugural de 1917, o famoso mictório, talvez tenha sido o de maior impacto. A mera transposição de um objeto utilitário, industrial, para a esfera simbólica da arte provocou um curto-circuito na compreensão dessa esfera e lançou uma questão sobre a sua natureza que até hoje ressoa. Picasso, em sua fase cubista, utilizou pedaços de objetos e formas prontas em seus quadros, combinando-os com material pintado por ele. Já Warhol relançou o gesto duchampiano numa era de radicalização da repetição de imagens, e fez da própria repetição uma poética.

19 PERLOFF, Marjorie. *Unoriginal genius; poetry by other means in the new century.* The University of Chicago Press, 2010, p. 17.
20 GOLDSMITH, Kenneth. Op. cit., p. 3.

Na poesia, o poema talvez mais importante de língua inglesa no século XX, *The waste land*, foi composto por meio de um sem-número de citações, egressas de línguas, culturas e códigos diversos, entremeadas e finalmente costuradas por Eliot. Atmosfera simbolista à parte, Pound, *il miglior fabbro*, realizou operação semelhante em seus *Cantos*, orquestrando ideogramas chineses, línguas vivas e mortas, citações da política, entre outros materiais. Pode-se dizer, com Goldsmith, que as operações de Picasso, Eliot e Pound são "sintéticas": trata-se de combinar escrita criativa e recriativa; fragmentos de formas pré-existentes com outros, originais; e compor tudo isso no todo que é a obra.

Já a póstuma e controversa obra de Walter Benjamim, *Passagens*, é construída segundo outros procedimentos. Ela, como se sabe, é composta principalmente de citações ("das 250.000 palavras que perfazem a edição Tiedmann, pelo menos 75% são transcrições diretas de textos que Benjamin coletou por mais de treze anos"[21]): anúncios de jornal, cartazes, nomes de lojas, fragmentos de guias de viagem, versos de poemas, letras de canções populares etc. Embora não haja consenso sobre a intenção de Benjamim, tudo leva a crer que o projeto foi pensado como

21 PERLOFF, Marjorie. Op. cit., p. 27.

um livro inaugural de escrita recriativa, feita em sua maior parte de citações — e não como um material de pesquisa levantado para servir a um livro de interpretação a ser ulteriormente escrito de forma tradicional. O próprio Benjamin anotou: "Método deste projeto: montagem literária. Eu não preciso dizer nada. Apenas mostrar"[22]. Certa imagem da Paris capital do século XIX seria formada, ou vislumbrada, por meio do conjunto imenso desses fragmentos. Assim, como sugere Perloff, o livro reproduziria, em sua forma, a experiência das passagens parisienses, com seu desfile de citações-mercadorias. Da perspectiva do método histórico, abandonavam-se os documentos oficiais e os grandes acontecimentos em favor dos dejetos e detritos, "prestando atenção nas margens e periferias, em vez de no centro"[23].

Isto posto, examinemos alguns problemas, que dizem respeito à articulação das noções de diferença, valor e autoria no campo da escrita recriativa e da pós-produção em geral.

Os princípios de que partem Goldsmith e Perloff são irrefutáveis. "A lição aqui é que o contexto sem-

22 BENJAMIM, Walter. Apud PERLOFF, Marjorie. Op. cit., p. 26.
23 GOLDSMITH, Kenneth. Op. cit., p. 114.

pre transforma o conteúdo"[24], diz ela. "A supressão da expressão de si é impossível", diz ele. "Até quando fazemos algo tão aparentemente não criativo quanto redigitar algumas páginas, nos expressamos de diversas maneiras. O ato de selecionar e reposicionar diz tanto sobre nós mesmos quanto uma história sobre a operação de câncer da nossa mãe"[25]. Essas afirmações se dirigem, refutando-as, às noções de originalidade, expressividade e escrita criativa (as oficinas de *creative writing* são um verdadeiro gênero na instituição literária estadunidense). Como lembra Perloff, "originalidade é frequentemente definida pelo que não é: não derivativa, não surgindo de ou dependente de qualquer outra coisa de seu tipo, não-derivada"[26]. É uma noção parente daquela de expressividade, entendida como fonte da obra: o artista externalizando ao mundo seus sentimentos, sua "alma", sua especial verdade interior, que é o sentido da palavra criação na expressão *escrita criativa*.

Mas é preciso lembrar que essas noções foram sistematicamente desmontadas por levas progressivas de obras e teorizações desde a segunda metade do século XIX e ao longo do século XX. Para fazer uma bre-

24 PERLOFF, Marjorie. Op. cit., p. 48.
25 GOLDSMITH, Kenneth. Op. cit., p. 9.
26 PERLOFF, Marjorie. Op. cit., p. 22.

víssima história: Poe, com *A filosofia da composição*, afirmando uma concepção racional e materialista da literatura; Mallarmé, com seu poema impessoal, sem sujeito lírico; Rimbaud, com suas *Iluminações*, poemas sem sujeito nem referência realista, onde a linguagem é contemporânea de si mesma; os formalistas russos, com seus conceitos de desvio e procedimento, situando na linguagem — e não no eu do escritor — a natureza da literatura; a célebre frase de Gide, "com bons sentimentos se faz má literatura"; a não menos célebre estrofe da "Autopsicografia" de Pessoa ("O poeta é um fingidor..."); e assim sucessivamente, além dos já citados Eliot, Pound e Benjamin. Tudo isso formou a sensibilidade do século, para a qual não deve causar nenhuma surpresa que obras literárias prescindam de um autor entendido como sujeito expressivo, a plasmar uma matéria-prima (como se se pudesse considerar a linguagem verbal uma matéria-*prima*).

É precisamente toda essa movimentação do século que levou Barthes a proclamar, no famigerado texto homônimo, *a morte do autor*. O autor de que Barthes assinou o atestado de óbito é o autor como "pessoa humana", que "reina ainda [o texto é de 1968] nos manuais de história literária, nas biografias de escritores, nas entrevistas das revistas, e na própria consciência dos literatos, preocupados em juntar, graças ao seu diário íntimo, a sua pessoa e a sua obra"[27]. A morte do autor era portanto a morte de certa ideia de autor. No mesmo momento em que morria, o autor renascia como um orquestrador de códigos, um compositor de fragmentos, um arranjador, um intérprete, alguém cujo trabalho, em suma, nunca é original: "o texto é um tecido de citações, saídas dos mil focos da cultura. Parecido com Bouvard e Pécuchet, esses eternos copistas, ao mesmo tempo sublimes e cômicos, e cujo profundo ridículo designa precisamente a verdade da escrita, o escritor não pode deixar de imitar um gesto sempre anterior, nunca original: o seu único poder é o de misturar as escritas"[28].

O mais lírico dos poetas românticos é tributário das escritas, das ideias, das representações, das formas de seu tempo e da tradição. Elas falam através dele. O mais revolucionário dos poetas modernistas, idem, mesmo recusando a tradição. Não haveria Picasso sem Cézanne. Não haveria Machado de Assis sem Sterne e De Maistre. *A diferença é metodológica e não fundamental*[29]: enquanto Cézanne está implícito,

27 BARTHES, Roland. "A morte do autor". Em: *O rumor da língua*. Lisboa: Edições 70, pp. 49-50.
28 Idem, p. 52.
29 Na verdade, a diferença pode ser fundamental, mas não o é necessariamente. Perloff distingue as escritas orientadas por uma "confiança na invenção", de "forte alcance individualista", e cujas

digerido e reprocessado em Picasso, Nerval aparece explicitamente no poema de Eliot, a voz de um cantor ou a progressão harmônica de um violonista aparecem explicitamente num *mashup*. Não há diferença essencial entre a pós-produção e a arte que lida com uma "matéria-prima". Culturalmente falando, uma tela nunca é branca, a argila nunca é intocada. Na origem da produção está o consumo. Todo artista é um *bricoleur*, toda escrita resulta de um conjunto de leituras (de um tipo de leitura especialmente ativa, que Harold Bloom chamou de *misreading*[30]).

Em suma, *a prática da pós-produção revela, explicita, materializa a natureza da arte "tradicional", que, assim compreendida, desfaz os preconceitos tradicio-*

técnicas podem ser "tradicionais" (aspas minhas) ou recriativas, das escritas, "no clima do novo século", para as quais "inventio está cedendo lugar à apropriação". Nesse último caso, os escritores não almejam produzir uma diferença radical, mas "participar de um discurso mais público e de maior amplitude". Essa diferença não é apenas metodológica, mas modifica decisivamente a noção de autoria, pois os textos que daí surgem renunciam ao (ou são incapazes de produzi-lo) "poder de criar uma parole única a partir da piscina verbal da cultura". O diagnóstico (não necessariamente, veremos, quanto à intenção, mas muitas vezes quanto ao resultado) é verdadeiro, mas são justamente as consequências culturais e subjetivas dessa proposta que submeterei à crítica.

30 E que se deve traduzir por desleitura, já que o prefixo mis-, aqui, não designa um erro, e sim uma criação que requer uma espécie de abandono dos usos ou das perspectivas apresentadas pelas leituras históricas de uma obra em favor de uma perspectiva ou uso diferente.

nalistas contra a pós-produção. Logo, a radicalização e disseminação das técnicas de pós-produção não deveriam afetar uma ideia de autoria que veio se formando ao longo dos séculos XIX e XX e encontra sua formulação sintética em Barthes; antes deveriam ajudar a compreendê-la. A ideia moderna de autoria está vinculada, não à origem, mas ao destino: autor é quem produz diferença — por meio de processos de seleção, combinação e interpretação, implícitos ou explícitos — a partir do que a tradição e a contemporaneidade lhe oferecem. Como já colocava Mary Shelley, citada por Jonatham Lethem em seu ensaio *O êxtase da influência*: "Invenção, deve-se admitir humildemente, não consiste em criar do nada, mas do caos"[31]. E o próprio Barthes, também citado por Lethem: "Qualquer texto é tecido inteiramente de citações, referências, ecos, linguagens culturais, que o atravessam de cabo a rabo em uma vasta estereofonia. As citações mobilizadas num texto são anônimas, ilocalizáveis, e entretanto *já lidas*; são citações sem aspas."[32]

A ideia de autoria enquanto expressão de uma interioridade, de uma singularidade original, virginal, foi portanto desmontada durante o século XX. Como

31 SHELLEY, Mary. Apud LETHEM, Jonathan. "The ecstasy of influence". Em: *Harper's Magazine*, 2007, p. 114.
32 BARTHES, Roland. Apud LETHEM, Jonathan. Op. cit., p. 111.

afirma Foucault, em seu texto *O que é um autor?*: "Pode-se dizer de saída que a escrita de hoje se libertou do tema da expressão: ela só se refere a si mesma [...] trata-se da abertura de um espaço onde o sujeito escritor não cessa de desaparecer"[33]. O autor, ou mais exatamente o que Foucault chama de *função autor*, não se situa do lado da vida pessoal do escritor, mas sim das características dos textos que a ela são identificados. Esses textos se definem justamente pela *diferença* que demarcam em relação aos discursos banais, à balbúrdia geral da cultura: "Enfim, o nome de autor funciona para caracterizar um certo modo de ser do discurso: [...] esse discurso não é uma palavra cotidiana, indiferente, uma palavra que se vai, que flutua e passa, uma palavra imediatamente consumível, mas se trata de uma palavra que deve ser recebida de certo modo, e que deve, em uma determinada cultura, receber certo estatuto"[34]. A função autor identifica, portanto, os conjuntos de textos, agrupados pelo nome de autor, caracterizados pela "ruptura que instauram em certo grupo de discursos"[35].

Ora, contrariamente ao que acreditam seus paladi-

33 FOUCAULT, Michel. "Qu'est-ce qu'un auteur?". Em: *Dits et écrits I, 1954-75*. Paris: Gallimard, 2001, pp. 820-821.
34 Idem, p. 826.
35 Ibidem, p. 826.

nos, é essa ideia de autor como produtor de diferença
— e não como criador *ex-nihilo*, o que seria chutar ca-
chorro morto — que está ameaçada pelo modo como
os descaminhos da ideia democrática se infiltram e
conformam algumas das práticas artísticas de pós-
-produção e sua compreensão. Senão, vejamos.

Goldsmith chama de *apropriação* um método radical de escrita recriativa. Trata-se, não de combinar
fragmentos de formas pré-existentes, mas de simplesmente deslocar uma forma integral, movê-la de um
contexto a outro. Gesto realizado na arte do século XX
por Duchamp e pelos situacionistas. E que com as ferramentas de *cut and paste* se abre agora também para
a literatura. Examinemos dois exemplos.

Em uma obra sua intitulada *Day*, de 2003, Goldsmith transpõe, palavra por palavra, página por página, a edição de uma sexta-feira do jornal The New
York Times. O projeto se resume a isso: deslocar o
conteúdo integral de uma edição do jornal para um
livro. A questão que o moveu foi a seguinte: "Quando
reproposto como um livro, teria o jornal propriedades
literárias que não podemos ver em nossa leitura diária
dele?"[36]. Mas, para Goldsmith, a simplicidade do procedimento é enganosa e "envolve dúzias de decisões

36 GOLDSMITH, Kenneth. Op. cit., p. 118.

autorais", tais como: "o que fazer com a fonte, com os números das fontes, e a formatação?", "onde colocar as quebras de linhas?", "devo permanecer fiel às colunas estreitas ou coloco cada artigo num longo parágrafo?"[37], entre outras da mesma natureza.

Outro exemplo. Um artista inglês decide redigitar a edição original de *On the road*, uma página por dia, em um blog intitulado por ele "Entrando na cabeça de Kerouac". Durante mais de 400 dias, redigitou e postou cada página do livro, reproduzindo-o integralmente. Ao final, disse de sua experiência ter sido "a mais excitante leitura/carona [*read/ride*] da minha vida". O fato de ter redigitado cada palavra do livro, e depois relido e revisado cada página lhe proporcionou uma experiência de leitura minuciosa, por sua vez descortinadora de características da prosa de Kerouac, "que em meu estilo habitual de leitura estou certo de que não teria percebido"[38]. É essa a obra.

Eis ainda um relato de Goldsmith sobre sua prática como professor: "Nós redigitamos documentos e transcrevemos clipes de áudio. Fazemos pequenas alterações em páginas da Wikipédia (mudando um *o* por um *a* ou inserindo um espaço extra entre palavras

37 Idem, p. 118.
38 Ibidem, p. 152.

[...] Nós temos aulas em salas de *chat* e passamos semestres inteiros exclusivamente no Second Life [...] E depois de ver o quão espetaculares são os resultados disso, o quão completamente engajada e democrática é a classe, estou mais convencido de que não posso jamais voltar a uma pedagogia de sala de aula tradicional"[39]. Em outro momento, ele afirma que práticas como as de pós-produção "desmontam os mitos gêmeos do autor todo-poderoso e do leitor passivo"[40]. É a mesma ideia afirmada por Bourriaud, ao declarar que o tratamento dado a formas já produzidas representa uma mudança cultural no sentido de "atenuar a fronteira entre recepção e prática"; opor-se ao "esquema clássico de comunicação que supõe um emissor e um receptor passivo"; abolir, em suma, uma suposta distinção tradicional entre produção e consumo[41].

Mas já vimos que essa associação entre autor e leitor a, respectivamente, atividade e passividade não descreve de modo algum o que se passa na experiência de obras de arte modernas, tradicionais, em suma, obras não-interativas ou não-recriativas[42]. Nunca

39 Ibidem, 8.
40 Ibidem, p. 153.
41 BOURRIAUD, Nicolas. Op. cit., pp. 15 e 102, respectivamente.
42 Ao contrário, pode-se argumentar com mais forte razão que os textos modernistas, por suas características formais, são aqueles que mais exigem do leitor uma postura ativa, produtora. Porque

houve autor sem um leitor implícito; não pode haver leitura sem atividade interpretativa, ressignificante — logo uma forma de autoria — implícita. O que se está a fazer é criar um fastasma como álibi para um desejo de desierarquização dos campos da arte e da cultura.

Goldsmith nega-o: "Concordo que no momento em que jogamos o julgamento e a qualidade pela janela estamos em apuros. Democracia é bom para o Youtube, mas é geralmente uma receita para o desastre quando se trata de arte"[43]. Entretanto é preciso notar de que modo a sua prática trai o seu valor declarado.

Retomemos os dois exemplos que dei de apropriação, as obras *Day* — em que Goldsmith transpõe uma edição do The New York Times e a recontextualiza no espaço do livro — e a cópia integral de *On the road*, publicada em um blog. Não há dúvida de que o sentido é determinado pelo contexto (isso aliás é a lei estrutural da própria linguagem verbal, como sabemos desde Saussure) e, logo, que a diferença de contexto

operam com indeterminação, erosão semântica, elisão do referente, apagamento de balizas narrativas, entre outros recursos, esses textos requerem uma atividade intensa de produção de sentidos. Eles são, assim, o que Barthes chamava de textos "escrevíveis" [scriptibles], isto é, textos que obrigam o leitor a um tal esforço que é comparável àquele do escritor. Textos diante dos quais a suposta distinção entre produção e consumo, autor e leitor, revela-se especialmente improcedente.

43 GOLDSMITH, Kenneth. Op. cit., p. 10.

acarreta diferença de significado — mas, é esse o ponto, de que diferença se trata?

Todo valor é arbitrariamente fundado, e o valor que aqui se afirma deve ser explicitado (é um valor caro à modernidade, mas não a outras épocas e sociedades): a força de um autor, a qualidade e o interesse de sua obra para determinada cultura se medem pela intensidade de sua diferença, pelo quão inesperada e desestabilizadora é a diferença produzida. Medidas em relação a esse valor (que Goldsmith declara não recusar) as obras de escrita recriativa acima referidas revelam uma autoria débil, pois são produções mínimas de diferença que elas realizam. Ao contrário do que afirma Goldsmith ("Certamente suas escolhas — o modo como você [...] quebra as linhas etc. — serão diferentes da minha, produzindo um trabalho *completamente* diferente"[44]), não é o valor da *diferença* que é privilegiado, mas o da *igualdade*: a saber, aquela que estabelece autor e leitor, professor e aluno, produção e consumo em uma relação de horizontalidade, nivelando-os entretanto por baixo. É do fato de que qualquer um é capaz de fazê-las, e não da produção de uma excepcionalidade que obrigaria a conhecê-las, que essas

44 Idem, p. 129.

obras na verdade retiram sua legitimidade e valor.

Há ainda nisso tudo uma confusão de outra ordem. Se admitirmos, conforme procurei demonstrar, que as práticas contemporâneas de pós-produção não abalam a noção moderna de autoria, pelo menos quanto aos aspectos das relações entre autor e leitor, atividade e passividade, produção e consumo na experiência da obra de arte, se admitirmos isso, a diferença que existe nessas práticas é apenas de ordem metodológica. Ora, sabemos desde as vanguardas que não se podem estabelecer métodos *a priori* para a produção de obras de arte, nem tampouco para o juízo sobre elas. Chamo aqui de "métodos" os materiais, as técnicas, os recursos utilizados numa obra. O "saldo cognitivo"[45] das vanguardas, às vezes à revelia de sua própria crença, é esse: depois delas fica estabelecido que se pode fazer poesia com versos livres e formas fixas; música tonal ou atonal; quadros figurativos ou abstratos; e também escrita criativa ou recriativa, cavaquinho ou *sampler*, canto à capela ou *mashup*, e assim vai, irrestritamente.[46]

45 Utilizo aqui a expressão de Antonio Cicero em seu ensaio "Poesia e paisagens urbanas", cujos argumentos sigo nesse parágrafo e no seguinte. Em: CICERO, Antonio. *Finalidades sem fim*. São Paulo: Companhia das Letras, 2005.
46 Isso não significa, claro, que as formas não tenham uma relação com a história, mas sim que elas são vazias (no mesmo sentido em

Ao contrário do que ocorreu antes delas e no interior dos seus processos, depois das vanguardas a diferença de método não garante mais a diferença artística. Diante de uma mentalidade pré-moderna, contra a qual o moderno e as vanguardas se ergueram, as novidades técnicas produziam diferenças por si sós, pois se chocavam contra as normas, demolindo-as. Mas o "saldo cognitivo" das vanguardas é precisamente a consciência definitiva dessa demolição, isto é, da ausência de critérios *a priori* para a produção de obras e o juízo sobre elas. A partir daí, o surgimento de uma nova técnica não mais contém valor artístico *a priori*. *O valor não resulta da prática de uma técnica nova, mas da diferença que se é capaz de produzir seja com que técnica for*. Portanto as técnicas de pós-produção são tão aceitáveis e neutras, em princípio, como quaisquer outras. Lethem corrobora-o: "O sampler digital é uma técnica artística como qualquer outra, neutra por si só"[47]. Negá-las em princípio significa incorrer em um conservadorismo arbitrário (ou em um positivismo tosco, como fazem os críticos de música tradicionais

que se diz que um significante é vazio), e que podem ser preenchidas de sentido histórico. Assim, hoje em dia um soneto pode ser tão contemporâneo — ou mais — quanto uma poesia digital, desde que seja mobilizado com consciência histórica.
47 LETHEM, Jonathan. Op. cit., p. 111.

que recusam o estatuto de artistas a DJs com o argumento de que "eles não tocam nenhum instrumento"). Mas afirmá-las, também em princípio, atribuindo-lhes valor por si só, significa incompreensão da experiência das vanguardas e repetição delas como farsa.

Logo na abertura de seu livro, Goldsmith cita o artista conceitual Douglas Huebler: "O mundo está cheio de objetos, mais ou menos interessantes; não quero lhe acrescentar outros". E subscreve esse desejo, deslocando-o para o campo verbal: "O mundo está cheio de textos, mais ou menos interessantes; não quero lhe acrescentar outros"[48]. Mas não se pode dizer que a escrita recriativa deixe de acrescentar textos ao mundo, uma vez que ela os faz recircular, em diferentes contextos, multiplicando-os. O que ela não faz — quando movida pelo princípio igualitário — é acrescentar ao mundo textos *diferentes*, em sentido exigente. Por isso essa resposta é a um tempo contraditória e redundante. A resposta mais apropriada é a tentativa de construção de textos intensamente diferentes, por meio de técnicas recriativas ou não, capazes de se destacar do palavrório banal e infinito do mundo. Textos capazes de calar a algaravia reinante — e cujas palavras são uma espécie de silêncio.

48 GOLDSMITH, Kenneth. Op. cit., p. 1.

Uma outra prática que vem questionando a ideia moderna de autoria é uma vertente da arte contemporânea denominada por Bourriaud, seu principal teórico, de "estética relacional". Esse nome designa obras que têm duas características fundamentais: 1) diferentemente das obras de arte modernas ou tradicionais, elas não produzem um *objeto* (um quadro de Picasso, uma escultura de Rodin), mas uma *situação*, um espaço onde se propõe uma forma de socialidade; 2) enquanto as obras de arte modernas ou tradicionais apresentam uma estrutura fechada, acabada, as obras da estética relacional apresentam uma estrutura aberta, que só se completa com a participação do público. Exemplo: numa sala, o artista dispõe um fogareiro, uma panela com água fervente e um cesto repleto de macarrão. As pessoas são convidadas a fazer e comer seu próprio macarrão enquanto conversam com o artista e entre si próprias. Trata-se de uma prática que se considera primordialmente política, e que se acredita mais democrática do que a arte moderna. Será?

A estética relacional assenta sobre pressupostos políticos e artísticos. Os primeiros podem até ser, em geral, pertinentes; mas os outros, a meu ver, inteiramente equivocados.

Alguns dos pressupostos políticos principais são: vivemos, os países ocidentais, em sua maioria, em democracias individualistas, cujos laços sociais são precários; no lugar das utopias modernas, devemos apostar em microutopias cotidianas, em ações não-institucionais que nos permitam "habitar melhor o mundo"[49]; a sociedade do espetáculo impõe uma gramática engessada e limitada de formas de socialidade, cabendo à arte elaborar "modos heterogêneos de socialidade"[50]. A estética relacional se propõe então "preencher as falhas do vínculo social"[51], inventar formas de convívio diversas das que nos são impostas e, assegurando um lugar mais ativo e importante ao outro, ao espectador ou público, realizar uma arte verdadeiramente democrática.

Que vivemos em democracias individualistas, isso é certo. Há uma relação constitutiva entre democracia e individualismo. Tocqueville a explicou bem: as sociedades aristocratas, fundadas na posse da terra, na distinção nítida e na imobilidade das classes, faz com que os laços sociais sejam muito fortes no interior de cada classe. Na democracia, o princípio da igualdade,

49 BOURRIAUD, Nicolas. *Estética relacional*. São Paulo: Martins, 2009b, p.18.
50 Idem, p. 44
51 Ibidem, p. 51

que engendra a mobilidade social, fazendo os indivíduos competirem entre si, quebra os elos geracionais e horizontais, levando os indivíduos a defenderem-se em unidades mínimas, como a família. O individualismo é um efeito colateral da democracia. Quanto ao fracasso das utopias, talvez tenha havido aí um consenso, até poucos anos atrás. Desde Guattari e sua "revolução molecular", nos anos 70, tenta-se imaginar formas de experimentação políticas diversas dos movimentos coletivos revolucionários. Mais recentemente, com a crise do capitalismo, as revoltas em países europeus e as revoluções nos países árabes, a possibilidade de uma revolução sistêmica no ocidente voltou a se abrir, se não na realidade, ao menos nas formulações teóricas.

Se seus pressupostos políticos são em geral pertinentes, as consequências políticas da estética relacional entretanto me parecem estéreis: realizar, na situação social excepcional da obra, o horizonte das relações sociais igualitárias, em nada altera a manutenção das relações sociais desiguais.[52]

52 Para uma análise mais detida sobre a dimensão política, stricto sensu, da estética relacional, recomendo o artigo "Partilha da crise: ideologia e idealismos", da crítica de arte Clarissa Diniz, na revista virtual *Tatuí*, número 12: http://revistatatui.com/revista/tatui-12/clarissa-diniz/

Mas são os seus pressupostos e consequências artísticos que nos interessam mais diretamente. Vejamos como eles problematizam a ideia de autoria.

Segundo Bourriaud, as obras de arte modernas são "autoritárias", negam o diálogo e constituem um "espaço simbólico autônomo e privado"[53]. São afirmações insustentáveis. Primeiro: o sintagma "espaço simbólico privado" é uma contradição em termos. O simbólico é, por definição, o registro do coletivo, do transpessoal. É o código (as línguas, as linguagens), que depende de um acordo prévio para haver comunicação. E a efetivação da comunicação, por sua vez, como na *boutade* de Lacan, "é o sucesso do mal-entendido", ou seja, pressupõe uma relação bilateral, onde quem escuta deforma, interpreta o escutado.

Depois: afirmar que uma obra de arte nega o diálogo porque ela não é aberta, estruturalmente, à participação do outro é compreender mal tudo o que está em jogo num mesmo processo. Toda obra de arte só passa a existir, enquanto sentido (que é para onde ela se dirige), no momento em que é atualizada pelo outro. Essa atualização é o lugar constitutivamente reservado ao outro, em qualquer obra de arte. Objetar que esse processo não caracteriza um diálogo, na me-

53 BOURRIAUD, Nicolas. Op. cit., 2009b, pp. 80-81 e 19.

dida em que não produz uma resposta direta da obra de arte, é redutor em dois níveis. Primeiro, as obras de arte são sim, como na famosa frase de Borges, influenciadas pelos seus leitores (uma obra não se separa do acúmulo de leituras depositadas sobre ela ao longo dos anos). Depois, e mais importante para a argumentação em curso, defender uma forma necessariamente empírica, concreta de diálogo pode resultar em esterilidade subjetiva, conforme procurarei demonstrar.

Finalmente, é uma tolice dizer que uma obra de arte é autoritária. A arte nunca pode ser, por definição, autoritária. No momento em que o espírito é encarnado numa linguagem, o vivido se separa do meio e a obra se afasta de sua origem. Sabe-se, por exemplo, o quanto as culturas antigas desconfiavam da escrita. Como mostrou Derrida, a escrita tem um potencial libertário constitutivo: nela, diferentemente da fala, os significantes podem ser interpretados livremente por cada sujeito, não havendo quem possa resguardar um significado único. Assim, as instituições podem ser autoritárias, em certas circunstâncias (desde um professor num exame de qualificação de tese até o Estado soviético obrigando artistas a se enquadrar no realismo socialista), mas a obra de arte *nunca* o é.

Portanto, no âmbito da relação entre obra e público, autor e leitor, a estética relacional não é mais democrática do que a arte moderna. Essa pretensão se funda numa série de pressupostos equivocados. E acaba num postulado subjetivamente desastroso: *é melhor ser igual aos outros do que diferente de si mesmo*. Para compreender o alcance dessa afirmação, devemos antes compreender melhor o que é a alteridade na experiência da obra de arte. O denominador comum dos equívocos quanto à compreensão da alteridade nessa experiência consiste em tratar a questão sob uma perspectiva empírica e sociológica. A alteridade se apresenta na obra de arte antes como experiência da subjetividade e da verdade.

No final da segunda parte de *No caminho de Swann*, Proust escreve páginas inesquecíveis sobre a música. O ponto de partida é uma pequena frase musical de uma sonata de Vinteuil (o compositor fictício da *Recherche*). Ao ouvi-la pela primeira vez, Swann sente abrir-se-lhe a alma "como certos odores de rosa, circulando no ar úmido da tarde, têm a propriedade de dilatar-nos a narina"[54]. Essa abertura de alma está na origem de seu amor por Odette, amor que se tor-

54 PROUST, Marcel. *No caminho de Swann*. Rio de Janeiro: Ediouro, 2002, parte 2.

naria desde então vinculado à pequena frase da sonata. Alguns anos depois, exaurido pelo ciúme e pelo desprezo da amada, Swann, numa recepção, ouve novamente o pequeno trecho da sonata, e o sente presente "como uma divindade protetora e confidente de seu amor, e que, para poder chegar até ele no meio da multidão e tomá-lo à parte para lhe falar, adotara aquele disfarce de uma aparência sonora"[55]. A partir daí começa uma reflexão magnífica sobre o que é a música, qual o seu sentido, qual sua relação com a vida e a morte.

"Ela [a pequena frase] pertencia a uma ordem de criaturas sobrenaturais e que nunca vimos, mas que, apesar disso, reconhecemos deslumbrados quando algum explorador do invisível consegue captar uma, trazê-la do mundo divino a que teve acesso para brilhar por poucos momentos sobre o nosso"[56]. Mas por que essas criaturas são sobrenaturais? Porque elas não existem na experiência cotidiana da comunicação humana. Elas não pertencem ao mundo social das opiniões, antes revelam o que esse mundo recalca ou simplesmente desconhece. É preciso ser um "explorador do invisível", do que ainda não está revelado, para

55 Idem.
56 Ibidem.

poder encontrá-las e capturá-las. Esse explorador é o artista. Um artista é quem está engajado, fielmente, na procura da virtualidade da experiência humana, de seu possível ainda não realizado. A ética do artista, da obra de arte, que daqui se desprende pode ser chamada de *ética de uma verdade*, em sentido próximo ao que lhe atribui Badiou: a fidelidade à interrupção, à ruptura, àquilo que não está aí e que, ultrapassando o plano empírico e social das trocas entre pessoas, faz advir um *sujeito*. Um tal sujeito é aquele que também se afirma pela ética lacaniana e seu conhecido princípio de não ceder sobre o próprio desejo. Pois "como o desejo é constitutivo do sujeito do inconsciente — observa Badiou — 'não ceder sobre seu desejo' significa 'não ceder sobre o que de si mesmo se desconhece'"[57].

A experiência da alteridade, no contexto de uma obra de arte, situa-se nessa interrupção, nesse desconhecido. É por meio dele que o outro, o público, poderá desconhecer o mundo, a sociedade e a si mesmo. Somente quando o outro torna-se *outro de si mesmo*, por um movimento de ampliação ou descontinuidade subjetiva propiciada pela obra — e não por ser reconhecido como igual pelo autor, em uma dimensão

57 BADIOU, Alain. *L'éthique: essai sur la conscience du mal*. Cen: Nous, 2011, p. 75.

empírica e social — é que se pode falar em alteridade. A alteridade é portanto um efeito da obra de arte, mas da obra de arte engajada na captura de "criaturas sobrenaturais", fiel a uma ética do "explorador do invisível".

É nessa confusão entre o social e o subjetivo que incorre a estética relacional. Motivada pela ideia democrática, para ela o decisivo está em que artista e público sejam iguais. Mas, tornando-os iguais um ao outro, condena-os a não se tornarem diferentes de si mesmos.

Ofereçamos um exemplo. A obra *Eu desejo o seu desejo*, da artista Rivane Neuenschwander, apresenta-se assim: três paredes de uma sala são ocupadas com centenas de fitinhas coloridas do Senhor do Bonfim. Em cada uma delas, está escrito um desejo: "Eu queria ter minha própria casa", "Eu queria poder contar a meus pais que sou gay" etc. O público é convidado a retirar uma dessas fitinhas e colocar em seu lugar um papel onde escreverá o seu próprio desejo. A obra — ou "situação" — se apresenta como uma declaração múltipla e coletiva de desejos. Os desejos não são do autor, mas do outro, do outro qualquer, o outro sem pré-requisitos, a que corresponde um autor também sem qualidades especiais, o autor ideal dessa ideia democrática.

Não se produz, desse modo, nenhuma diferença subjetiva, nenhuma verdadeira alteridade. As pessoas apenas comunicam seus desejos umas às outras. Mas esses desejos são variações do senso comum, do já sabido, são figuras do Outro, isto é, da massa de representações de que toda cultura, a cada momento, se faz. Não estamos no campo do desconhecido, mas sim da opinião, que é "a matéria-prima de toda comunicação"[58], como diz Badiou, lembrando sua relação estreita com a ideia contemporânea de democracia: "Sabe-se a fortuna desse termo [comunicação] hoje e que alguns vêem nele o enraizamento do democrático e da ética"[59]. A ética contemporânea, assim, tende a ser proposta como uma ética do outro, e logo não é de se estranhar que uma estética do outro, como a estética relacional, se funde também na comunicação e se realize em âmbito sociológico. Em vez disso, a ética das verdades "obriga as opiniões a um tal afastamento que ela é propriamente associal"[60]. Mas, de novo, diferentemente da ética proposta por Badiou, fundada no caráter associal de uma verdade ("essa a-socialidade é desde sempre reconhecida: são as imagens de Tales que cai num poço porque procura sondar o segredo

58 Idem, p. 80.
59 Ibidem, p. 80.
60 Ibidem, p. 83

dos movimentos celestes, é o provérbio 'os amantes são solitários no mundo', o destino isolado dos grandes militantes revolucionários, o tema da 'solidão do gênio', etc."[61]) e na fidelidade ao desconhecido ("toda verdade depõe os saberes constituídos"[62]), "as opiniões são representações sem verdade, detritos anárquicos do saber circulante".[63]

Assim, meramente trocando opiniões, sem sair do registro da comunicação, os outros que participam da situação relacional permanecem sendo, cada um, seu próprio eu. São vários eus e nenhum outro, ou vários outros sem alteridade, dá no mesmo. Suprimindo-se a singularidade do autor e sua capacidade de capturar as "criaturas sobrenaturais", por causa do desejo democrático de serem todos iguais, suprime-se junto a alteridade. É esse o paradoxo da arte orientada por uma ideia de autor e público que os reduz às suas dimensões empíricas e sociais. Contra essa ideia deve-se propor a noção de *democracia essencial* da obra de arte. Toda obra de arte forte, reveladora do desconhecido, é feita contra o Outro e para Ninguém. *Ninguém* significa todos, numa dimensão não sociológica.

61 Ibidem, p. 83
62 Ibidem, p. 79
63 Ibidem, p. 79

Convoquemos Proust uma última vez, para concluir essa parte do argumento. A passagem sobre a música e o músico prossegue assim: "[...] o campo aberto ao músico não é um teclado mesquinho de sete notas, mas um teclado incomensurável ainda quase totalmente desconhecido, em que apenas aqui e ali, separados por espessas trevas inexploradas, alguns dos milhões de toques de ternura, de paixão, de coragem, de serenidade que o compõem, cada um tão diferente dos outros como um universo de outro universo, foram descobertos por alguns grandes artistas que nos prestam o serviço, despertando em nós o correspondente do tema que encontraram, de nos mostrar quanta riqueza, quanta variedade, sem que saibamos, oculta essa grande noite impenetrada e desencorajadora da nossa alma que tomamos por vazio e nada"[64].

Ao artista não cabe menos do que revelar, para nós mesmos, quanta riqueza oculta nossa própria alma, que tomamos por vazio e nada. É a arte que revela ao público, ao outro, não o que ele *é*, mas o que ele *pode ser*. A arte, ao contrário do que propõe Umberto Eco, não ensina a lição do que não poderia nunca ocorrer de outro modo, mas mostra que nossa subjetividade

64 PROUST, Marcel. Op. cit., parte 2.

pode tornar-se diferente, pode desconhecer-se, e com ela o mundo. A verdadeira lição de Moby Dick não é "que a baleia vai aonde quer", mas que as paixões humanas podem levar os homens aonde eles não querem.

A pequena frase da sonata, que tanto lhe revelou sobre si mesmo, faz com que Swann pense em Vinteuil como "um irmão desconhecido e sublime"[65]. Sim, os artistas são nossos irmãos, mas irmãos desconhecidos. Eles nos apresentam ao que, em nós mesmos, desconhecemos, e assim nos elevam a alturas maiores da vida, livrando-nos do vazio e do nada. Para isso, devemos desejar, não que os artistas sejam iguais a nós, mas que sejam sublimes.

*

Num interessante ensaio, o escritor Bernardo Carvalho identificou dois aspectos importantes da articulação entre mundo digital, democracia e ataques à ideia de autoria (por meio da "tendência crescente de associar valores subjetivos e qualitativos de exceção ao autoritarismo"[66]). O primeiro aspecto diz respeito ao interesse das grandes corporações da internet

---

65 Idem.
66 CARVALHO, Bernardo. "Em defesa da obra". Revista *Piauí*, número 62.

— tanto as telefônicas, provedoras de banda larga, quanto as fornecedoras de conteúdo gratuito, como Google e Facebook — em desierarquizar o conteúdo por elas oferecido. Para Carvalho, a lógica é simples: "enquanto tudo for percebido como equivalente, não haverá necessidade de pagar (mais) pela diferença"[67]. Assim, a proposta de horizontalização das relações de produção artísticas e culturais, defendida pelos tecnófilos contemporâneos, é muitas vezes comprometida com a defesa de seus interesses. À *morte do autor*, anulado pela inespecificidade de sua função dentro de uma concepção em que ele se equivale ao "outro", corresponde a *morte do direito de autor*.

Embora óbvia, nunca é demais lembrar uma contradição gritante desse processo: o Google (assim como o Facebook), que se propõe compartilhar o conhecimento universal, recusa-se a compartilhar o seu próprio conhecimento: "O Google, por exemplo, não pretende tornar disponível a usuários e competidores o saber por trás de seus serviços — e não é por acaso que mantém sigilo desse saber, a ponto de nenhuma informação sobre a empresa aparecer no próprio Google, que em princípio deveria ter acesso a tudo"[68].

67 Idem.
68 Ibidem.

Já o Facebook tem em seu inventor um dos *autores* mais incensados do novo século. Mark Zuckerberg, na casa dos 20 anos, já teve sua biografia narrada em cinema. É uma celebração ostensiva do eu e da autoria. E que envolve uma disputa milionária justamente sobre a autoria do Facebook. Seria interessante que a mesma lógica aplicada ao compartilhamento de aúdio e video gratuitamente fosse aplicada à *vexata quaestio* da autoria da rede social. Ou à bilionária disputa entre Apple e Samsung pela patente da tecnologia do Iphone, onde o Android é acusado justamente de *copiar* o Iphone.

Mas, para Carvalho, a estratégia de aplainar os valores só se consuma com um ataque não apenas à ideia de autor, mas também à ideia de obra. Se a obra é a concretização de uma diferença, cuja existência garante a autoria, deve-se desnvincular autor e obra, propondo em seu lugar o vínculo entre autor e vida pessoal. Com efeito, a intimidade, o privado, os gostos pessoais são uma moeda de troca frequente nas redes sociais. Ora, ao contrário da obra, que é a prova da diferença, a intimidade é a diferença abolida, uma vez que é comum a todos. Mais uma vez, se todos têm, se tudo é igual, por que pagar por isso? Assim, "também é compreensível que a obra, já não sendo exceção, tampouco exista, uma vez que foi igualada à vida, ao que é comum a todos"[69]. Além disso, a intimidade como moeda de troca serve a outro fim, igualmente interessado: Google e Facebook vivem de publicidade, logo do conhecimento que detêm sobre os gostos das pessoas, e consequentemente devem estimular a publicização desses gostos, que são registrados por eles e transformados em moeda de troca — ou melhor, nesse caso, de venda.

As observações de Carvalho dizem respeito a interesses e contradições no interior da relação entre a web 2.0 e as ideias democráticas praticadas e defendidas por ela. É preciso entretanto ir mais além e criticar essas ideias democráticas por si mesmas.

A essa altura espero ter demonstrado a tendência atual de considerar qualquer distinção hierarquizante no campo da cultura — entre elas a ideia de autor — um ataque à democracia. Mas democracia e hierarquia devem ser considerados princípios inconciliáveis? Não. Pelo contrário, deve-se defender a existência de dois movimentos simultâneos numa sociedade democrática. Um movimento horizontal e outro vertical. O princípio da igualdade é horizontal; segundo ele, todas as pessoas são iguais perante o Estado, perante as leis. O princípio da diferença é vertical; segundo ele, todas

69 Ibidem.

as pessoas devem ter garantidas as condições objetivas para seu aperfeiçoamento próprio, para o seu engajamento no processo de se tornar *melhor* — melhor que si mesmo e melhor que seus pares. A ideia de diferença, numa sociedade democrática, deve portanto ser penetrada pela ideia de valor. A diferença não pode ser percebida e defendida apenas como se pertencesse ao mesmo movimento horizontal da igualdade, mas também como movimento vertical de distinção, de separação, de superação da igualdade. Há, portanto, a diferença não-hierárquica (entre pessoas de cor preta e pessoas de cor branca, entre heterossexuais e homossexuais etc.) e a diferença hierárquica (entre autores fortes e autores fracos, por exemplo).

Em outras palavras, o que aí está em jogo é a coexistência de *demos* (povo) e *áristos* (o excelente, o melhor). É muito importante que a igualdade não procure anular a distinção. É somente por meio dos movimentos de autoaperfeiçoamento, que certos indivíduos se propõem como tarefa, que uma cultura avança — não no sentido do "progresso" (a essa altura desacreditado), mas no sentido da ampliação da experiência humana, de revelar aos homens aquilo de que eles próprios são capazes. Essa é justamente uma definição possível de autor.

Para além dos interesses comerciais em jogo, é

efeito de uma profunda incompreensão a oposição criada entre a internet e as ações valorativas. O advento do mundo digital trouxe potencialidades democráticas inestimáveis de descentralização e igualdade. Mas a internet não deve ser defendida como o espaço-modelo da democracia sem hierarquias, e sim como o espaço-modelo do *acesso mais livre*, logo mais democrático, ao *mundo dos valores*.

A democracia deve garantir o direito de todos os cidadãos à igualdade perante as leis e ao acesso a bens culturais e sociais (saúde, moradia, educação etc.). Mas essa igualdade deve ser o ponto de partida para que os sujeitos se engajem num processo de superação de si mesmos. Era assim na Grécia antiga, berço da democracia (é claro que se tratava de uma democracia falha, onde a "igualdade" era para poucos), como esclarece Hannah Arendt: "Pertencer aos poucos iguais significava ser admitido na vida entre os pares; mas o próprio domínio público, a *pólis*, era permeado por um espírito acirradamente agonístico: cada homem tinha constantemente de se distinguir de todos os outros, de demonstrar, por meio de feitos ou façanhas singulares, que era o melhor de todos"[70].

70 ARENDT, Hannah. *A condição humana*. Rio de Janeiro: Forense Universitária, 2010, p. 50.

Portanto a hierarquia não ataca a ideia democrática; em sua origem, é antes parte constitutiva dela.

Talvez nenhuma outra história recente o exemplifique melhor do que a trajetória do próprio Mark Zuckerberg, inventor do Facebook. Retorno, para concluir, ao filme que narra a sua vida. O roteiro estrutura-se basicamente sobre os dois processos a que Zuckerberg tem que responder: a acusação, por parte de três alunos de Harvard, de que ele lhes teria roubado a ideia; e a acusação, por parte de seu ex-único amigo, de que ele o enganou, reduzindo brutalmente sua participação na empresa, da qual era co-fundador. Por meio desses dois processos é narrada a história da invenção do Facebook. Cada um desses processos permite um vislumbre sobre a democracia na América (e os dois juntos formam o retrato complexo dessa democracia, com sua virtude fundamental — a igualdade — e seu pior efeito colateral, o individualismo).

Zuckerberg é um *nerd*, desprovido de carisma, beleza e nome de família. Se encararmos Harvard, onde estuda, como um microcosmo social, ele está no fundo da hierarquia. O topo, por sua vez, é a sociedade privada Phoenix, que reúne, por assim dizer, a aristocracia da Universidade. Ser um membro dessa sociedade e participar de suas festas é o que todos em

Harvard desejam. Os representantes da Phoenix são os gêmeos Winklevoss: altos, belos, esportistas, de família rica e renomada. Com esses elementos já está esboçada uma das dinâmicas fundamentais da sociedade americana.

O que se vê, aqui, é a reencenação do embate entre aristocracia e democracia, vencido pelo ideal democrático, nos EUA, desde antes de sua fundação, ainda como colônia. Os gêmeos Winklevoss desejam criar uma rede social exclusiva para alunos de Harvard, e chamam Zuckerberg para desenvolvê-la. Esse subverte a lógica, aristocrática, da exclusividade e cria uma rede social aberta que logo vira uma febre nacional e mundial. Com isso, torna-se socialmente mais importante que os gêmeos bem-nascidos. É a encenação triunfante da igualdade, comprovada pela mobilidade social. Desnorteados, os gêmeos recorrem ao reitor de Harvard. Para conseguirem uma audiência, servem-se de uma prerrogativa, uma vez mais, exclusivista (o nome de sua família). O reitor repudia essa manobra e lhes joga na cara novamente o princípio democrático, manifestado agora por outro de seus corolários fundamentais, o empreendedorismo. Se se sentiram enganados, que inventem outra coisa, já que "em Harvard os alunos preferem inventar um emprego a procurar por ele".

A invenção do Facebook é, assim, a celebração da ideia central da sociedade americana. Como escreveu Tocqueville, nos EUA "a igualdade de condições é o fato gerador de que cada fato particular parece resultar"[71]. Não há necessidade de aprofundamento nesse ponto, pois a história é conhecida: "Os emigrantes que vieram se estabelecer nas colônias da Nova Inglaterra pertenciam todos às classes abastadas de sua pátria-mãe. (...) As outras colônias haviam sido fundadas por aventureiros sem família; os emigrantes da Nova Inglaterra traziam consigo elementos de ordem e moralidade. (...) Eles se apartaram das doçuras da pátria por obedecer a uma necessidade puramente intelectual; expondo-se às misérias do exílio, eles queriam fazer triunfar uma *ideia*"[72]. Essa ideia é a da igualdade. Da igualdade, portanto, como ponto de partida para o auto-aperfeiçoamento dos indivíduos e, com ele, o da sociedade[73].

71 TOCQUEVILLE, Alexis de. *De la démocratie en Amérique I*. Paris: Flammarion, 1981, p. 57.

72 Idem, p. 91.

73 A democracia liberal produz, entretanto, efeitos colaterais sociais indesejados. É disso que trata o outro eixo do filme, que é o processo movido contra Zuckerberg por seu ex-amigo, Eduardo Saverin. Esse processo encena o problema do individualismo. Em sociedades aristocráticas, como observa Tocqueville, sendo as classes distintas e imóveis, cada uma delas torna-se, para seus membros, uma espécie de pequena pátria, mais visível e estimada que a gran-

*

A face mais visível da crise atual da ideia de autor é a crise dos direitos de autor. A redefinição desses direitos pressupõe uma noção amadurecida do que seja um autor. Mas as novas práticas e ideias de autoria devem ser estudadas pelos efeitos que podem ter sobre a experiência da obra de arte — e não apenas por suas consequências jurídicas e comerciais, no campo dos direitos de autor. Nesse, os partidários mais radicais da *free culture* tendem a abraçar as ideias democráticas que descrevi ao longo desse texto, na medida em que elas esvaziam a autoria, e com ela seus direitos.

Estou entre os que desejam transformar as leis de direitos autorais, no sentido de uma maior liberação das formas e ideias, no Brasil ainda demasiadamente enrijecidas. Mas não é necessário, para isso, proclamar novamente a morte do autor, dessa vez no sentido de sua indistinção em relação ao outro, ao público. Deve-se antes reafirmar a ideia moderna de autoria,

de. Já nas sociedades democráticas liberais, a igualdade propicia mobilidade social e, com ela, o desejo de ultrapassar os próximos. A democracia impõe uma dinâmica que separa os indivíduos tanto de seus antepassados quanto de seus contemporâneos. Zuckerberg age como um portador dessa patologia social individualista. Talvez nunca tão patológica quanto no atual momento da história americana.

onde o autor é a um tempo singular e tributário da sua cultura. Essa base é mais verdadeira da perspectiva teórica e corresponde melhor ao princípio jurídico do equilíbrio, que deve orientar a redefinição dos direitos de autor, um problema complexo, a envolver três interesses igualmente legítimos: o da sociedade (público), o do autor (indivíduo) e o do intermediário (empreendedor).[74]

O esforço de argumentação que realizei aqui tem como objetivo alertar que o esvaziamento do autor como estratégia para a liberação das formas e a promoção da igualdade entre os sujeitos pode ser um tiro pela culatra: as formas liberadas e os sujeitos nivelados tornam-se mera repetição, diferenças mínimas. Liberam-se as formas, mas as formas têm menos poder de liberar os sujeitos. Nivelam-se os sujeitos, que assim nivelados não podem ultrapassar a si mesmos.

74 A propósito dos direitos de autor, cf, por exemplo, LESSIG, Lawrence. *Free culture: the nature and future of creativity*. New York: Penguin Books, 2004.

Na companhia do mundo

Estar entre eles, os-que-desertei, é sentir a paz do consenso. Não, "sentir" é inexato. Mais verdadeiro seria dizer contemplá-la, *estar imerso nela, porém ser-lhe impermeável*, e experimentá-la desse modo imperfeito, apartado. Ainda assim é um descanso do dissenso, o dissenso que vigora no mundo daqueles a que me juntei pela distância mesma que nos caracteriza. O consenso dos outros, Os Gregários, é fundado num pacto obscurantista: o preço da paz é que nunca aprendam outras línguas, por cujos poderes desviantes eles todavia estão cercados, mas mantêm-nos afastados unindo-se em escudo. Já o dissenso dos solitários desconhece pactos: ele decorre da deserção original que os fundou como tais, atualizando-a eternamente.

*

Na minha vida há um fosso entre o que fui e o que me tornei. Na cidadela do outro lado do fosso estão enterrados meus ossos. O fato de ter morrido lá e de meus restos mortais ainda estarem debaixo daquela terra me dá um estranho acesso a ela. Os que nela habitam me reconhecem, olham para mim como um morto querido, sem saber direito por que morri e em que mundo renasci. Para deixar-me reconhecer, falo com eles em sua língua, comunicando um sotaque que deve soar espectral, o sotaque de um morto, pois alguns me olham mesmo como se tivessem visto um fantasma. Ainda assim, para ser bem recebido entre eles, basta que não fale a minha língua, o que me tornaria suspeito de traição, trazendo à tona, de um lugar remoto no tempo, minha apostasia original. Ninguém quer isso, muito menos eu. Eu fico ali falando com um sotaque meio *fake* (porque não me coloco abertamente como estrangeiro, como morto), olhando de longe os que estão a meu lado, e sendo olhado de lado pelos que estão à minha frente. Não se assustem, sou Gasparzinho, o fantasma camarada.

*

Nunca deixei de visitar o outro lado do fosso, porque posso transpô-lo, na minha qualidade de fantasma. E se nunca quis deixar o morto que sou completamente esquecido, junto com os seus do outro lado do fosso, é sobretudo porque meus ossos nunca deixaram de amar. A linguagem, o Grande Verme, roeu tudo, minhas roupas, minha carne, e tudo reinscreveu — mas a linguagem não roeu meus ossos. Meus ossos lembram e amam os companheiros de outrora. Meus ossos são aquém da linguagem. Eu me comunico com eles, os-que-abandonei, por meio dos meus ossos. Entre nós há sempre a linguagem, ameaçando-nos com suas incomensuráveis distâncias, e assim é: quando estou entre eles, é entre ossos e linguagem, o mais distante e o mais perto, uma estranha familiaridade.

*

Para além desse amor póstumo intransitivo, o que mais gosto neles é a paz do consenso. A linguagem é para eles um instrumento de reconhecimento mútuo, um código de espelhos virtuais que nunca se quebram. Eles se vêem e se tocam pela linguagem. É um uso masculino da linguagem, e que revela um insuspeitado jogo sexual: há um homoerotismo das gírias, das posturas corporais, das melodias da prosódia. Um homoerotismo hiper-mediado, absolutamente inconfesso, como convém ao mundo da masculinidade. Mas está lá. Do outro lado do fosso, no lado para onde fui, prevalece a experiência do dissenso. Aqui a linguagem não é feita de espelhos, senão quebrados; não se a ativa para adormecer as coisas (os objetos nos quartos deles, os-que-abandonei, não estão simplesmente desorganizados: *estão quedos, desacordados*), e sim para despertá-las. Aqui a linguagem a tudo ilumina, define, delineia, e em o fazendo distingue, separa, isola. É sempre a linguagem de alguém, apesar de seu caráter transpessoal, é sempre um mundo particular que por suas luzes surge. Daí que o registro da comunicação seja tomado pelo dissenso, pois que a linguagem comunica mundos diferentes, desencontrados. E do dissenso à discórdia é um pulo, a discórdia é o dissenso mais o ego, e esses seres particularizadores são especialmente suscetíveis às armadilhas do imaginário.

*

Desde que respeitados alguns mandamentos, o morto que sou pode ser imperfeitamente feliz no mundo de os-que-abandonei. Os principais são: não ficarás muito tempo com eles e não ficarás excessivamente próximo deles. Infringir esses mandamentos produz conseqüências desastrosas e possivelmente irreversíveis. Na duração e na intensidade, a linguagem e suas distâncias encontram ambiente propício para dominar o espaço e devolver ao fosso sua real dimensão. Pior, nesse momento a solidão é como que duplicada. Pois, sendo obrigado a falar por um tempo prolongado a língua do outro — já que a possibilidade de o outro passar à minha língua é nula, por definição — sinto-me sufocado por ela, dadas suas limitações estreitas, e de repente não apenas assoma o velho conhecido fosso entre mim e o outro, como ainda um novo fosso, punitivo, entre mim e eu mesmo. Sufocado pela linguagem do outro e impossibilitado de falar a minha própria, perco-me do outro e de mim, e é como se regressasse assim a um estágio confuso, indistinto, de uma negatividade total, que vivi antes do cisma originário (e só muito mais tarde poderia nomear como o Tempo da Anomia), cisma fundador, pelo qual me tornei o que sou. Não chego a regressar a esse ponto, pois em nenhum momento perco minha linguagem, que é de resto a única coisa que só posso perder se morrer de vez. Mas estar impossibilitado de exercer essa linguagem remete a esse tempo indistinto, como que pré-histórico ou pré-subjetivo, de que tenho verdadeiro horror. E, em reação, sou tomado por um ódio ao outro, outro que sinto estar me desapropriando de mim mesmo. Por delicadeza, deixei as coisas chegarem a esse ponto (não é fácil estabelecer limites de proximidade aos seres gregários, que não compreendem a necessidade da solidão), mas nesse momento todo o meu ser libera uma cerca elétrica de repulsão. Nem é preciso falar, o outro imediatamente se afasta.

*

Michel Tournier conta que certa vez plantou dois abetos, cujas mudas tinham então um metro e meio, a uma distância de dez metros um do outro. Vinte anos depois, as árvores já tinham quinze metros de altura, e seus galhos inferiores quase se tocavam. Ao observá-las com atenção, podia-se constatar que não haviam crescido em perfeita verticalidade, mas sim um pouco inclinadas, cada uma no sentido oposto ao da vizinha, como que para se afastarem uma da outra. "Les arbres se détestent entre eux", ele conclui. "L'arbre est farouchement individualiste, solitaire, égoïste". Daí que, para ele, uma floresta, com sua "promiscuidade compulsória", se assemelhe a um "campo de concentração", e o ar da floresta seja "saturado desse ódio vegetal".

*

À época do Cisma Original, do advento da minha história subjetiva, tive que morrer isolado, no escuro.

66

Levou meses até que trocasse de pele, de linguagem, até que ficasse rijo, outro, e já não mais corresse o risco de destecedura ao contato com a língua de os-que-deixara. Esse ato de isolamento, autodemissionário, produziria uma dialética e um paradoxo. Até então, estar no mundo e ser do mundo eram uma única e confusa maneira, um único e confuso mal-estar. Ao sair do mundo, deixei também de ser do mundo (para isso, era preciso aquilo, nesse momento), e renasci nesse país de transcendência negativa, num limbo florescente, numa escuridão iluminada que seria para sempre meu lugar de origem. Mas sair do mundo revelar-se-ia, dialeticamente, uma condição para estar no mundo: pois, já outro, ao fazer minha *rentrée*, podia *estar no mundo sem ser do mundo*, trazia uma marca de morte que garantia minha individuação e transcendência. Pelo mesmo movimento, ao perder a companhia das pessoas (por sair do mundo), ganhei, paradoxalmente, a companhia das coisas. Até então, as coisas sempre haviam estado aí, mas nunca haviam falado comigo, como de fato passou a acontecer. Antes quedas, apagadas, as coisas agora se iluminavam, se transfiguravam, e eu passava os dias a registrar essas manifestações, a tentar capturá-las em meio à tripla metamorfose com que se apresentavam. Fora do mundo, eu descobria a companhia do mundo. De volta ao mundo, nunca mais perderia essa distância, essa espécie de transcendência que possibilita ouvir e ver o mundo, viver em sua companhia. Minha mundaneidade seria então contrabalançada por um movimento permanente de afastamento, de transcendência, e esses dois sentidos opostos passariam a radicalizar-se simultaneamente, proporcionalmente, como recomenda aquele sábio para quem "a virtude é ocupar os dois extremos ao mesmo tempo".

*

Entre mim e o mundo — há os livros. Para mim, os livros têm um estatuto ontológico ambivalente: são coisa e pessoa, ou coisas que contêm pessoas, ou pessoas à distância (a distância que a coisa, objeto livro, instaura, aproximando e afastando), e, por isso, nunca me canso de sua presença, divido com eles minha solidão, que eles a um tempo contrariam e preservam. Eu poderia, talvez, deixar de escrever, mas jamais de ler. Escrevendo atualizo uma potência de alteridade, passo a um outro que sou e não sou, que desconheço e, ao escrever, conheço. É como se, pela escrita, respondêssemos à nossa solidão mais constitutiva, à nossa descontinuidade irredimível, ao fosso que nos divide de tudo e de todos, é como se, escrevendo, respondêssemos a isso *dividindo-nos ainda uma vez*, fazendo surgir do veneno um remédio, da própria solidão uma íntima alteridade. Mas ler (que de resto, para mim, é condição de escrever) é o que decisivamente viabiliza minha solidão, uma vez que possibilita uma relação erótica com as coisas, as pessoas, o mundo. É pela leitura que as coisas se tornam despertas, ricas de significações, interessantes, numa palavra, admiráveis. *Um mundo lido é um mundo erotizado.* E um mundo erotizado é um mundo vitalizado. A leitura, assim, oferece à solidão do leitor nada menos que uma relação erótica com todo o mundo.

*

Essa relação erótica com o mundo tende a passar por cima das relações pessoais, como um efeito colateral indesejado de quem vive produzindo "verdades" sobre as coisas, isto é, de quem vive transfigurando-as, erotizando-as. Se um dia estou entristecido por alguma razão, se, por exemplo, brigo com um grande amigo, eu poderia escrever para um outro amigo e desabafar, dizer que estou triste, contar o ocorrido, pedir ajuda — mas ao invés disso eu provavelmente lhe direi uma verdade sobre a amizade. Ocorre que uma verdade não reconhece destinatários. As verdades são públicas, transpessoais, dirigem-se aos fenômenos — que pretendem elucidar — não a alguém em particular. Quando, em contexto privado, envio verdades a um interlocutor, este não reconhece em minha fala (ou escrita) o seu lugar de destinatário. A verdade, em âmbito privado (tudo é diferente no âmbito público), vai ao outro como um muro, não como um convite ou um pedido. A verdade, em âmbito privado, *anula o outro*, seqüestra o seu lugar. A verdade tem uma finalidade em si, um gozo próprio, que é o gozo de sua cunhagem, de sua formulação, e é esse gozo que entrego ao outro, a quem assinalo o lugar de testemunha de minha relação erótica com as coisas. Mas como um destinatário pode se reconhecer enquanto tal recebendo um gozo já acabado? Assim, o interlocutor geralmente não responde — como responder ao que não foi perguntado? — ou responde de forma igualmente fechada. E o preço da verdade é a confirmação da solidão.

CADERNOS ULTRAMARES

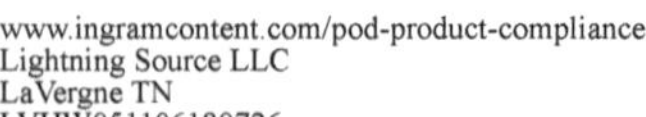